스마트폰과 절교한 날

어린이를 위한 가치관 동화_⑰ 절제
스마트폰과 절교한 날

초판 1쇄 발행 2015년 8월 12일
초판 5쇄 발행 2020년 9월 18일

글 유순희
그림 원정민

펴낸곳 도서출판 개암나무(주)
펴낸이 김보경
경영지원 총괄 김수현　**경영지원** 배정은
편집 조원선 배우리 조어진　**디자인** 김재미　**마케팅** 신종연
출판등록 2006년 6월 16일　제22-2944호

주소 서울특별시 용산구 한남대로40길 19, 4층(한남동, JD빌딩) (우)04417
전화 (02)6254-0601, 6207-0603　**팩스** (02)6254-0602　**E-mail** gaeam@gaeamnamu.co.kr
개암나무 블로그 http://blog.naver.com/gaeamnamu　**개암나무 카페** http://cafe.naver.com/gaeam

ⓒ 유순희, 원정민, 2015
이 책의 저작권은 저자에게 있습니다. 저자와 출판사의 허락 없이 내용의 일부를 인용하거나 발췌하는 것을 금합니다.

ISBN 978-89-6830-184-1 74800
ISBN 978-89-6830-012-7(세트)

이 도서의 국립중앙도서관 출판시도서목록(CIP)은 서지정보유통지원시스템 홈페이지(http://seoji.nl.go.kr)와
국가자료공동목록시스템(http://www.nl.go.kr/kolisnet)에서 이용하실 수 있습니다.
(CIP제어번호: CIP2015018487)

품명 아동 도서 | **제조년월** 2020년 9월 18일 | **사용연령** 7세 이상
제조자명 개암나무(주) | **제조국명** 대한민국 | **전화번호** 02-6254-0601
주소 서울특별시 용산구 한남대로40길 19, 4층(한남동, JD빌딩)

어린이를 위한 가치관 동화_⑰절제

유순희 글 원정민 그림

스마트폰과 절교한 날

개암나무

홍빵이는 새로 산 스마트폰에서 눈을 뗄 수가 없었어요.
최신형이라 사용할 수 있는 앱도 다양하고
게임도 많았거든요.
밥을 먹으면서도 보고,
화장실에 앉아서도 보고,
문제집을 풀면서도 잠깐잠깐 들여다보았어요.
"홍빵아, 휴대폰 좀 그만 봐."
엄마가 타일러도 소용없었어요.

홍빵이의 생일날, 온 가족이 외식을 하러 갔어요.

아빠, 엄마, 동생은 도란도란 이야기꽃을 피웠어요.

하지만 홍빵이는 스마트폰 게임에 푹 빠져

한마디도 하지 않았어요.

"홍빵아, 게임 좀 그만 하라니까!"

엄마가 말했어요.

"싫어. 아직 피자가 안 나왔잖아. 기다리기 지루하단 말이야."

"가족끼리 이런저런 이야기 나누면 좋잖아."

"알았어. 이것만 하고……."

며칠 후, 홍빵이네 가족이 숲속으로 야영을 떠났어요.
아빠는 텐트를 치고 나무에 그물 침대도 걸었어요.
동생은 그물 침대에 누워 하늘을 올려다보았어요.
"형! 저 구름 좀 봐. 진짜 멋져!"
홍빵이는 대꾸도 없이 스마트폰만 들여다보았어요.
"형, 저기 개구리 뛰어간다. 잡으러 가자."
동생이 그물 침대에서 내려와 소리쳤어요.
"너나 가. 난 게임 할 거야."
홍빵이는 동생을 쳐다보지도 않고 말했어요.

홍빵이는 '친구놀이'라는 게임을 내려받았어요.

여자아이, 남자아이 캐릭터가 여럿 있었는데

그중 밤톨 머리를 한 남자아이 캐릭터를 골랐어요.

홍빵이는 캐릭터에게 '몽구'라는 이름을 지어 주었어요.

몽구는 말도 할 줄 알았어요.

숫자 1을 누르면 "안녕?"

숫자 2를 누르면 "좋아."

숫자 3을 누르면 "싫어."

숫자 4를 누르면 "넌 정말 멋져."

숫자 5를 누르면 "나랑 놀자."

말하는 몽구랑 구구단 게임을 하기도 했어요.

"12 곱하기 7은?"

몽구가 물으면 "84!" 하고 홍빵이가 힘차게 대답했어요.

그 답이 정답이면 몽구는 "잘했어." 칭찬해 주고,

틀리면 "괜찮아, 다시 해 봐." 하며 위로해 주었지요.

만날 스마트폰만 들여다보는 홍빵이에게 어느 날,
날벼락이 떨어졌어요.
보다 못한 엄마가 홍빵이를 벌주기로 한 거예요.
"그 휴대폰, 당장 이 상자 안에 넣어!"
"왜?"
"왜긴! 휴대폰 때문에 네가 할 일을 못하잖아. 더는 안 되겠어. 휴대폰은 당분간 엄마가 보관할 테니 그런 줄 알아."
"싫어! 애들한테 문자 온단 말이야."
"자꾸 떼쓰면 아예 못 쓰게 할 거야!"
엄마가 딱 잘라 말했어요.
홍빵이는 어쩔 수 없이 상자 안에 스마트폰을 넣었어요.
"상자는 어디에 둘 건데?"
"그건 몰라도 돼."

흙빵아, 나 좀 꺼내 줘! 답답해!

어디선가 '바르르!' 하고 요란한 소리가 들렸어요.
침대에 누워 있던 홍빵이가 벌떡 일어났어요.
홍빵이는 소리가 들려오는 곳을 찾아다녔어요.
부엌 설거지대 맨 아래 서랍에서 나는 소리였어요.
"답답해. 나 좀 꺼내 줘!"
"어? 이 목소리는 몽구?"
"그래, 맞아. 나야, 몽구!"
홍빵이는 얼른 서랍에서 상자를 찾아 뚜껑을 열었어요.
그리고 스마트폰을 꺼내 화면을 켰어요.
"후유."
몽구가 드디어 살았다는 듯 안도의 한숨을 토해 내더니
이렇게 말했어요.
"네가 좋아. 진짜 보고 싶었어."

"나도 네가 보고 싶었어."

홍빵이도 스마트폰을 매만지며 대답했어요.

곧 몽구가 다시 소곤댔어요.

"나랑 하루 종일 같이 있자."

"안 돼. 엄마한테 혼나."

"방법이 있어."

"뭔데?"

"내 손을 잡아 봐."

몽구의 손이 스마트폰 밖으로 불쑥 나왔어요.

홍빵이가 몽구의 손을 꽉 잡았어요. 그러자 홍빵이의 몸은 순식간에 스마트폰 속으로 쑥 빨려 들어갔어요.

"와, 멋지다!"

홍빵이의 눈앞에는 늘 화면으로만 보던 세상이 생생하게 펼쳐졌어요.

홍빵이는 옆에서 방긋 웃고 있는 몽구에게 인사했어요.

"몽구야, 안녕?"

그런데 몽구는 아무 말도 없이 웃기만 했어요.

"몽구야, 나야, 나!"

몽구는 여전히 대답이 없었어요.

참 이상했어요.

몽구가 홍빵이를 모른 척할 리가 없으니까요.

홍빵이는 혹시나 해서 가슴에 있는 숫자 1을 눌렀어요.

그러자 몽구가 손을 흔들며 인사했어요.

"안녕?"

"그래, 안녕! 네 덕분에 이곳에 오게 되었어. 고마워!"

홍빵이는 반가워서 소리쳤어요.

몽구는 이번에도 말없이 웃기만 했어요.

"우리 뭐하고 놀까?"

홍빵이가 몽구에게 물었지만

몽구는 여전히 웃고만 있었어요.

"게임 하고 놀까?"

몽구가 대답을 하지 않아서 홍빵이는 숫자 2를 눌렀어요.

"좋아."

"정말 좋아?"

홍빵이가 신나서 되물었어요.

몽구는 또 아무 말이 없었어요.

홍빵이는 몽구의 대답을 듣기 위해 매번 버튼을 눌러야 하는 게 짜증이 나서 아무 버튼이나 마구 눌렀어요.

"싫어, 좋아, 좋아, 넌 정말 멋져. 안녕, 안녕, 나랑 놀자, 좋아, 넌 정말 멋져. 좋아. 싫어, 싫어."

그러자 몽구가 아무 말이나 마구 쏟아 냈어요.

지루해진 홍빵이는 옆 방에 있는 '무조건 뛰어!'
게임 속으로 들어갔어요.
적이 쏘는 총탄을 피해 세모난 산, 높은 빌딩을 뛰어넘고,
악어들이 숨어 있는 강을 건너야 했지요.
장애물을 잘 넘으면 번쩍번쩍 빛나는 금덩이를
상으로 받았어요.
홍빵이는 총탄을 요리조리 피해 산과 빌딩을 뛰어넘었어요.
"야호!"
홍빵이는 엄마, 아빠와 동생에게 자랑을 하고 싶었어요.
마침 화면 밖에서는 가족들이 식사를 하고 있었어요.
홍빵이는 스마트폰 화면을 탁탁 두드리고,
발로 쾅쾅 찼어요.
하지만 아무도 쳐다보지 않았어요.

홍빵이는 어쩔 수 없이 다시 장애물을 넘었어요.
구름을 넘고, 별을 넘고, 토성을 넘었어요.
그때마다 금 덩어리가 쌓여서 언덕을 이루었어요.
하지만 어쩐지 아무 짝에도 쓸모없는 모래처럼 느껴졌어요.
'이제 재미없는데, 그만할까?'

홍빵이는 '일대일 게임' 방에 들어갔어요.

주사위를 던져서 나온 숫자만큼 앞으로 나아가는 게임인데, 먼저 시작 점에 도착하면 이겨요.

아이디가 딱따구리인 아이가 접속해서 주사위를 던졌어요.

숫자 5가 나와서 딱따구리가 먼저 출발했어요.

이번에는 홍빵이 차례예요. 주사위가 데굴데굴 굴렀어요.

"아싸! 6이다!"

홍빵이가 딱따구리를 앞서갔어요.

어떤 숫자가 나올지 몰라 아슬아슬하고 재밌었어요.

그런데 갑자기 딱따구리가 접속을 끊고 나가 버렸어요.

'밥 먹으러 갔나? 숙제하러 갔나? 친구들이 놀러 왔나?'

딱따구리는 아무리 기다려도 나타나지 않았어요.

'너무해.'

홍빵이는 기운이 쑥 빠졌어요.

이번에는 '내가 바로 레스토랑 매니저' 게임 방으로 갔어요.
손님이 주문을 하는 대로 빨리 가져다주는 게임이에요.
과제를 잘 해내면 손님이 돈을 주는데
그 돈으로 레스토랑을 꾸밀 물건들을 살 수 있어요.
"빨리빨리, 오렌지 주스 한 잔!"
"빨리빨리, 망고 주스 두 잔!"
"빨리빨리, 스파게티 하나!"
"빨리빨리, 피자 한 판!"
손님들이 여기저기서 외쳤어요.
홍빵이는 정신없이 움직였어요.
그런데 손님들은 나온 음식을 먹지도 않고 돈만 건넸어요.

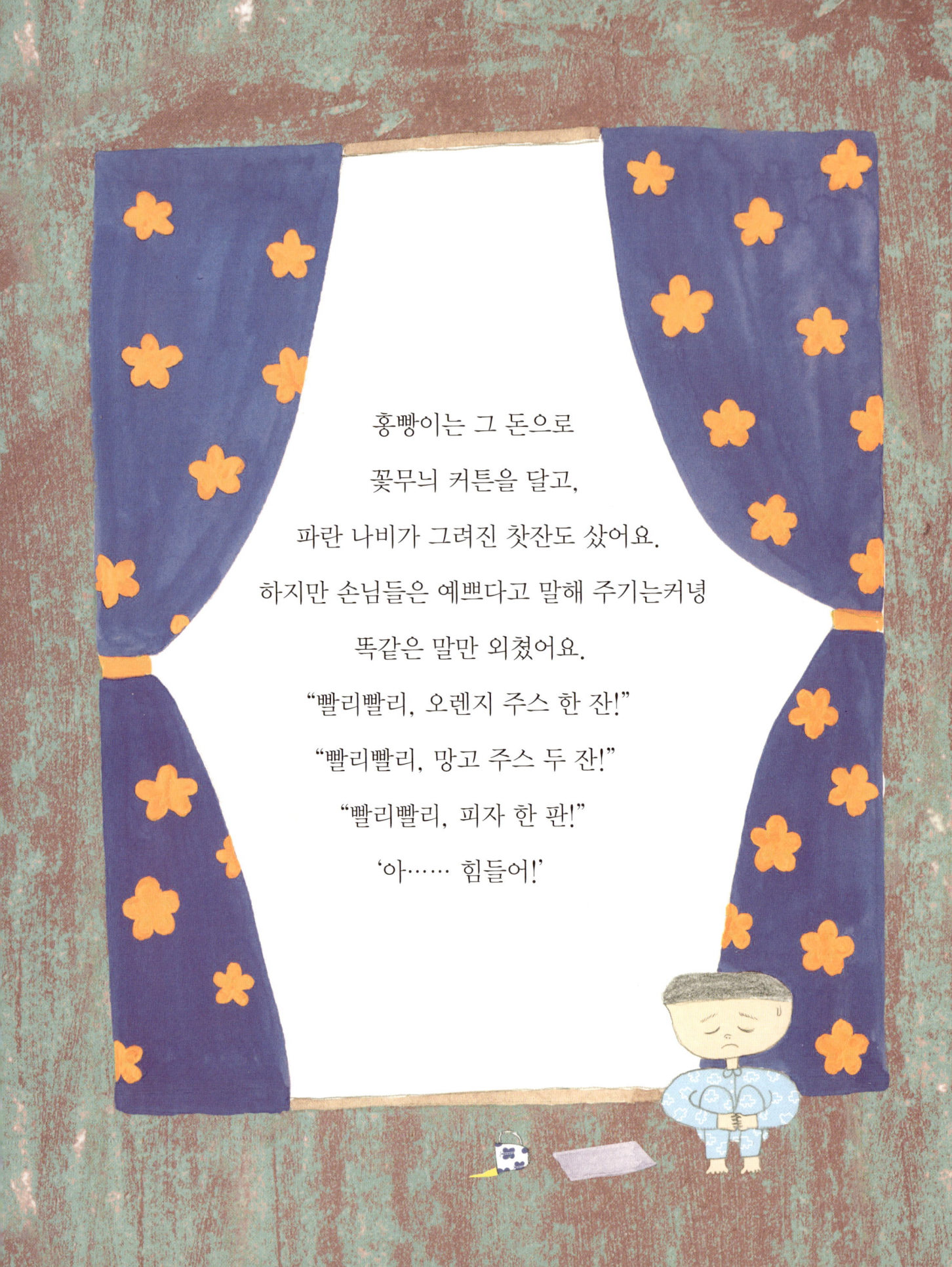

홍빵이는 그 돈으로
꽃무늬 커튼을 달고,
파란 나비가 그려진 찻잔도 샀어요.
하지만 손님들은 예쁘다고 말해 주기는커녕
똑같은 말만 외쳤어요.
"빨리빨리, 오렌지 주스 한 잔!"
"빨리빨리, 망고 주스 두 잔!"
"빨리빨리, 피자 한 판!"
'아…… 힘들어!'

홍빵이는 아무것도 하기 싫었어요.
스마트폰 화면 밖으로 파란 하늘이 보였어요.
홍빵이는 가만히 하늘을 올려다보았지요.
구름이 보였어요. 아주 커다란 구름이요.
'아, 구름이 진짜 새처럼 생겼다. 저런 구름은 처음 봐.'
신기하고 멋졌어요. 세상에서 가장 커다란 새 같았어요.
'음…… 구름새라고 이름을 붙여 줘야지.'
그 순간 단짝 태호의 얼굴이 떠올랐어요.
태호라면 이렇게 맞장구쳤을 거예요.
"야, 진짜 구름새다. 히히히."

스마트폰이 없을 때는 태호랑 수수께끼도 하고,

스무고개도 하고, 축구도 했어요.

이름 모르는 꽃과 풀에 이름을 붙여 주는 놀이도 했고요.

한번은 육각형 모양의 꽃잎이 달린 꽃에

홍빵이가 이름을 붙였어요.

"별꽃이다."

태호도 질세라 말했어요.

"손바닥꽃!"

두 개가 맞붙은 꽃을 보고 홍빵이가 소리쳤어요.

"저건 둘이꽃!"

태호도 꽃을 요리조리 쳐다보더니 홍빵이에게 말했어요.

"친구꽃이지. 너랑 나처럼 늘 사이좋게 붙어 있잖아."

'친구꽃…….'

홍빵이는 태호가 몹시 보고 싶었어요.

태호와 함께 바람을 맞으며 신나게 달리고 싶었어요.

하지만 스마트폰 안에서는 바람이 불지 않아요.

홍빵이는 엄마가 구워 준 쿠키도 먹고 싶었어요.

고소하고 달콤한 쿠키 냄새를 맡으면

세상을 다 가진 것처럼 기분이 좋아질 것 같았어요.

하지만 스마트폰 안에서는 아무 냄새도 나지 않아요.

온도도 늘 똑같고요.

코끝이 싸한 매운 추위도 없고,

따스한 봄기운도 느낄 수 없어요.

홍빵이는 깨달았어요.
스마트폰 안에서는 더 이상 새롭고 신나는 일을
찾을 수 없다는 것을요.

홍빵이는 우울했어요.

그런데도 몽구는 여전히 방긋방긋 웃고 있지 뭐예요.

홍빵이는 진짜 친구들이 보고 싶어졌어요.

그때 스마트폰 밖으로 축구하는 친구들이 보였어요.

홍빵이는 설레었어요.

친구들에게 가고 싶어서 있는 힘껏 화면을 두드렸지요.

친구들의 목소리가 들려왔어요.

"야, 나한테 넘겨!"

"야, 이쪽으로…… 오른쪽으로 뛰란 말이야. 뛰어!"

"아…… 홍빵이는 도대체 어디에 있는 거야.

홍빵이가 우리 팀 최고의 공격수인데……."

"나, 여기 있어. 얘들아…… 나도 같이 축구하고 싶어!"

홍빵이가 울부짖었지만 아무도 듣지 못했어요.

홍빵이는 몽구에게 말했어요.

"나 좀 나가게 해 줘."

몽구는 방그레 웃었어요.

"넌 내 친구잖아. 날 도와줘."

몽구는 또 방그레 웃었어요.

"넌, 진짜 친구가 아니구나.

너랑 보낸 시간들은 모두 가짜였어."

"여기서 나갈 거야!"
홍빵이는 스마트폰 화면을 발로 찼어요.
하지만 바윗덩어리처럼 꿈쩍도 안 했어요.
그때 몽구가 홍빵이의 팔을 붙잡았어요.
"나랑 놀자!"
몽구가 방긋 웃으며 말했어요.
홍빵이는 몽구를 물끄러미 쳐다보았어요.

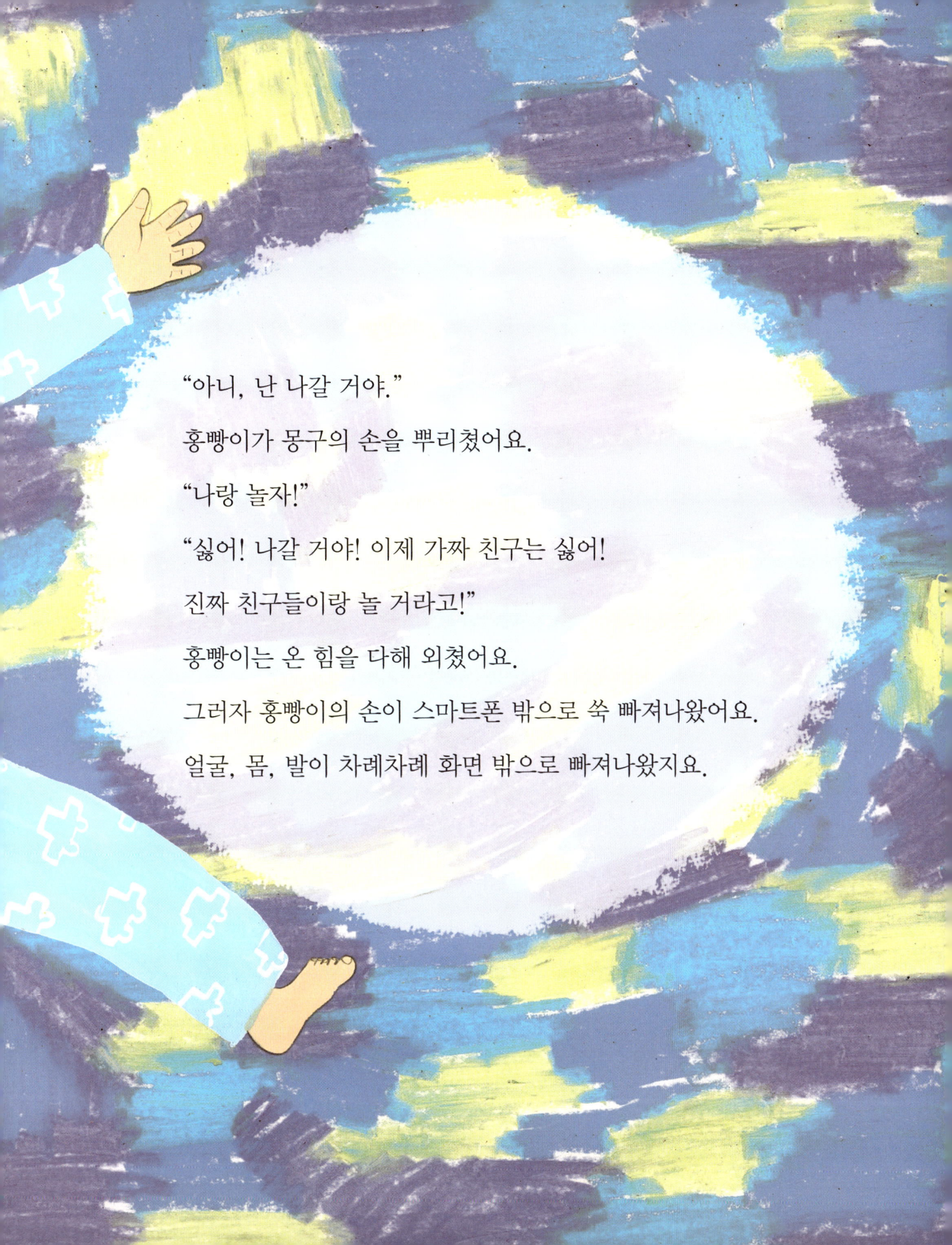

"아니, 난 나갈 거야."
홍빵이가 몽구의 손을 뿌리쳤어요.
"나랑 놀자!"
"싫어! 나갈 거야! 이제 가짜 친구는 싫어!
진짜 친구들이랑 놀 거라고!"
홍빵이는 온 힘을 다해 외쳤어요.
그러자 홍빵이의 손이 스마트폰 밖으로 쑥 빠져나왔어요.
얼굴, 몸, 발이 차례차례 화면 밖으로 빠져나왔지요.

"딩동 딩동!"

초인종이 울렸어요.

홍빵이는 문을 활짝 열었어요.

태호와 친구들이 서 있었어요.

"홍빵아, 축구하자. 네가 없으니까 너무 재미없어."

"계속 스마트폰하고만 놀 거야?"

"아니, 공 차고 싶어서 발이 근질거리는걸!"

홍빵이는 밖으로 나갔어요.

"홍빵아, 너 스마트폰 안 가지고 가?"

태호가 상자를 보며 물었어요.

상자 안에는 스마트폰이 들어 있었어요.

"응. 지금은 너희하고 놀 거잖아."

홍빵이는 스마트폰이 들어 있는 상자 뚜껑을 닫고
힘차게 밖으로 달려 나갔어요.

작가의 말

이제 스마트폰보다 더 소중한 것들을 찾아보아요!

작년 가을이었습니다.

둘째 딸아이가 학교에서 돌아온 뒤 몹시 우울해하며 말했습니다. 같은 반 남자아이가 휴대폰이 없다는 이유로 거지라고 놀렸다고요. 아이는 휴대폰을 사 달라고 했습니다.

초등학교 저학년 때 휴대폰을 사 줬는데 잃어버려서 그 뒤로는 사 주지 않았습니다. 될 수 있으면 휴대폰을 쓰지 않길 하는 바람도 있어서 마음은 아팠지만 다시 사 주지 않았습니다.

그런데 얼마 뒤, 딸아이는 미국에서 할아버지, 할머니가 오시자 휴대폰이 없어서 놀림 받은 이야기를 털어놓았습니다. 할아버지는 당장 최신형 스마트폰을 사 주었습니다.

스마트폰 전쟁이 일어난 것은 그때부터였습니다. 아이가 스마트폰에 온통 마음을 뺏겨 버린 탓이었습니다. 스마트폰이 없을 때는 그림을 그리거나, 책을 읽거나, 밖에 나가 운동을 했는데 스마트폰이 생긴 뒤로는 언제 그랬냐는 듯 종일 스마트폰만 만지작거렸습니다.

스마트폰은 정말 매력적인 기계입니다. 마음만 먹으면 영화나 텔레비전을 볼 수 있고, 언제든 신나는 게임을 할 수도 있지요. 우리를 오락이 가득한 세상으로 안내합니다. 그러나 문제는 그 오락에 빠질수록 정작 우리가 마음을 쏟아야 할 것들을 하지 못한다는 점입니다.

우리가 마음을 쏟아야 할 것은 단지 수학이나 영어 같은 공부를 의미하는 것이 아닙니다. 우리에게는 다양하게 생각하고 고민해야 할

것들이 있지요. '내가 원하는 삶은 무엇일까?', '어떻게 해야 한 번뿐인 삶을 더 보람 있게 살아갈 수 있을까?' 하는 생각들 말이에요.

이런 고민과 생각은 어른들만 해야 하는 게 아닙니다. 나이를 떠나서 사람이라면 누구나 해야 하지요. 그래서 책을 읽어야 하고, 상상을 해야 하며, 친구들과 토론을 하고, 어른들의 따뜻한 조언에 귀 기울여야 하는 것입니다.

그러나 스마트폰은 이렇게 진지하게 생각할 시간을 모두 앗아 갑니다. 그렇게 생각 없이 지내다 보면 생각하는 것 자체가 귀찮게 느껴지고, 더 빠르고 쉬운 즐거움에 빠져들게 되지요. 자칫 잘못하다가는 시간이 흘러도 자기 주관이나 판단력을 갖추지 못한 어른으로 성장하게 됩니다. 결국 어디에도 속하지 못한 채 드넓은 사막에 홀로 선 것처럼

방황하게 될지도 모릅니다.

저는 딸아이가 학교에서 돌아오면 스마트폰을 잠깐만 쓰게 하고, 서랍에 넣도록 합니다. 물론 제 스마트폰도 함께 넣습니다.

스마트폰이 없는 저녁 시간, 아이는 다시 그림을 그리거나 책을 읽으면서 생각을 깨우기 시작했습니다. 여러분도 이 책을 통해 스마트폰을 어떻게 사용하는 것이 바람직할지 되돌아보았으면 좋겠습니다.

2015년 여름, 어느 기분 좋은 저녁에
유순희 씀